Zu diesem Buch

Du besitzt eine essentielle Kraft –
die Kraft deines Wesens.

Diese Kraft hat nichts zu tun mit deinen Begabungen, mit dem, was du besitzt, tust oder denkst, was du seist. Es ist die Kraft deines Seins – dein Wesen.

Dieses Buch ist der einfache und wunderbare Schlüssel zu deiner Kraft, zu dieser *Quelle in dir,* zu Ruhe und innerer Unterweisung.

Es ist eine inspirierende Meditation, die dich zu deinem innersten Wesen führt, wo du die Energie für deine weitere Entwicklung und das Gegenmittel zu deinen Zweifeln findest.

Paul Williams wurde 1948 in Boston geboren. Als Siebzehnjähriger gründete er *Crawdaddy,* die erste amerikanische Rockzeitschrift. Er ist Gründer und Leiter der Entwhistle Books, eines New Age Verlags. 1981 gab er die erste Buchausgabe der *International Bill of Human Rights* heraus. Mittlerweile sind von Paul Williams über fünfzehn Bücher erschienen, die trotz unterschiedlichster Thematik alle aus derselben Grundhaltung entstanden sind: Die Menschen zu ermutigen, ihre eigene Kraft zu wecken und im täglichen Leben anzuwenden.
Heute lebt er mit seiner Frau, Sachika Kanenobu, einer Sängerin und Komponistin, und seinen vier Kindern in Nordkalifornien.

Paul Williams

Die Quelle in dir

Der Schlüssel
zu deiner Kraft

Aus dem Amerikanischen
von Matthias Dehne

rororo

Rowohlt

rororo transformation
Herausgegeben von Bernd Jost
und Jutta Schwarz
Umschlaggestaltung Peter Keller / Britta Lembke
Umschlagillustration Stefan Kiefer

Für Donna

Veröffentlicht im Rowohlt Taschenbuch Verlag GmbH,
Reinbek bei Hamburg, November 1991
Lizenzausgabe mit freundlicher Genehmigung
des Sphinx Verlags, Basel
Das Buch erschien unter dem Titel «Werde wesentlich»

Die amerikanische Ausgabe erschien 1987 unter dem Titel
«Remember Your Essence» bei Harmony Books, New York
Umschlaggestaltung Peter Keller / Britta Lembke
Umschlagillustration Stefan Kiefer
Gesamtherstellung Clausen & Bosse, Leck
Printed in Germany
880-ISBN 3 499 19117 2

E I N S

Stell dir vor: ein brennendes Holz
Wie in einem Kamin oder Herd.

Du siehst dieses Holz:
Es schwebt etwa einen Meter vor dir
Frei in der Luft.
Du stellst fest, daß hier
Zwei Elemente zusammenspielen:
    Holz und Feuer, das an ihm haftet.

Nimm dieses Bild in dich hinein:
Ein Ding das brennt.
Du kannst es fühlen als warmes
Behagliches Glühen im Innern
    deiner Brust.

Das brennende Holz existiert wirklich.
Es brennt in dir.

Wir nennen es dein Wesen.
Das Feuer, die Flamme hingegen ist
    dein Leben.

Du bist eine Quelle von Wärme und Licht.

Kinder, die frieren, einsam sind und verängstigt,
Sie kommen zu dir, suchen deinen Trost.
Und du
    kannst sie immer trösten.

Selbst in Momenten dunkler Zweifel,
Wenn du die Welt vor dir verschlossen und
Dich selbst als Rätsel fühlst,
    selbst dann brennt Leben noch in dir.
Dein Wesen bleibt rein und kraftvoll,
    davon unberührt.

Angst und Unwille mögen dich blenden,
Dich verkrüppeln,
    ganz von dir Besitz nehmen,
Und doch können sie dich nicht hindern,
Wärme zu spenden
    und Licht.

Du bist, wer du bist.
Wer du zu sein glaubst.
    hat damit nichts zu tun.

Deine Gedanken beeinflussen, was du tust.
Sie wirken auf deine Wahrnehmung,
Deine Erfahrung ein und auf alles,
    was dich umgibt.

Deine Gedanken lassen dich
Die Wirklichkeit erleben,
    wie es ihnen beliebt.

Wer du bist, das hingegen
Können die Gedanken weder beeinflussen
Noch wandeln noch steuern;
    ja, nicht einmal berühren können sie es.

Du gebietest über eine Kraft,
Die nichts mit dem gemein hat,
Was du tust oder sagst;
Auch nichts mit denen, die du kennst;
Nichts mit Dingen, von denen du weißt;
Nichts mit deinem Aussehen
Oder deinen Fertigkeiten,
Deinen Begabungen
    oder deinem Besitz.

Nein, deine Präsenz ist
    die Kraft.

Sie ist
Die Hitze und das Licht
Des brennenden Holzes,
    das du bist.

Und sie berührt jeden,
    mit dem du in Berührung kommst.

Dein Leben Tag für Tag ist
Wie ein Traum.

Das Geschehen im Traum scheint
Sehr wichtig und scheint sehr wahr,
Während es geschieht.

Aber dann erwachst du und sagst:
«Es war ja nur ein Traum.»
Was ungeheuer wichtig war, ist nun
Bloß noch «interessant».
Vielleicht vergißt du es auch ganz und gar.

Du weißt einfach, daß es nicht in
Demselben Sinne wirklich ist
Wie dein Leben Tag für Tag.

Aber:
Dein Leben Tag für Tag
Ist nicht wirklicher
    als ein Traum.

Wenn du erwachst, wirst du daran denken.

Du wirst jedes Mal daran denken,
    wenn du erwachst.

Werde wesentlich.

Vergiß, alles andere –
Finde zurück: Spüre wieder,
Wie es sich anfühlt,
    wesentlich zu sein.

Leben heißt: immer wieder erfahren.

Dein Wesen ist stets präsent,
Und so kannst du es
    immer wieder erfahren.

Es ist eine unerschöpfliche Quelle,
Nährt und trägt unbegrenzt.

Treu und verläßlich
Wie kein anderer Freund.

Erfahre, wer du wirklich bist:
Wenn du eine Schulter brauchst,
An die du dich schmiegen möchtest,
    ist dies der beste Halt.

Werde wesentlich und
Erinnere dich:
Dein Wesen erfährst du,
    indem du fühlst.

Die Falle, das ist der Wunsch zu wissen,
Wer du bist, der Zwang,
Ein paar Worte zu sagen,
Einen Gedanken zu denken,
    an einer Beschreibung zu haften.

Es stellt sich die Frage: wie kann ich
Herausbekommen, was mein Wesen ist?

Aber es gibt nichts,
Das du herausbekommen könntest.

Erinnere dich. Lebe.
Spüre, wie es sich anfühlt,
    zu leben.

Laß deine Gedanken los.
Stopp das Geplapper in deinem Kopf.
Sei still und erinnere dich
    deiner.

Atme ruhig, langsam.
Spüre, wie du die Flamme entfachst.
Mit der das Holz brennt,
    mit jedem Atemzug, den du tust.

Jetzt weißt du.

Du weißt und kannst
Dich immer erinnern,
    ganz gleich wie oft du noch vergißt.

Nebenbei bemerkt:
Es ist dir aufgegeben zu vergessen.
Vergessen ist wie ausatmen, macht Raum
    für neues Einatmen.

Jetzt weißt du, du bist mehr als die
Dinge, die dir bekannt sind.

Jetzt weißt du, du bist mehr,
Als dein Verstand jemals ausdrücken kann.

Du bist ein Geheimnis, das
Niemals erzählt werden kann.

Niemand wird dieses Geheimnis durchdringen,
Es sei denn,
    jemand, der dir nah ist.

Und nun weißt du auch,
Warum Menschen einander
    nahe sein möchten.

Kälte und Dunkelheit des Kosmos bewirken,
Daß Wärme und Licht anderer Wesen uns anziehen;
    daß uns die Lebenskraft ruft,
Mit der sie brennen.

Stell dir vor,
Du bildest mit fünf anderen Menschen
Einen Kreis, und ihr
Reicht einander die Hände.
Du hältst die Augen geschlossen
Und gewahrst das Holz,
Das in jedem von Euch brennt.

Sechs Hölzer. Ein Kreis.

Jetzt siehst und fühlst du das Licht:
Ihr strahlt es gemeinsam aus.

Ihr seid ein Kreis aus Licht.

Euer Licht soll einen Raum umfangen.

Und in diesem Raum entsteht Leben.

Beginnst du das Licht jedes
Einzelnen Menschen zu unterscheiden vom
Licht, das wir gemeinsam sind,
So vollziehst du einen heiligen Akt:
du erschaffst die Welt.

Und das ist dann deine Welt.

Du hast sie erschaffen:
Zu deinem Zeitvertreib, zu deiner Lust,
jeden Aspekt, jede Kleinigkeit darin.

Die Teile, die dir nicht gefallen, hast du erschaffen,
Damit es Teile gibt, die dir nicht gefallen.

Die Teile, die du nicht kennst, hast du erschaffen,
Weil es öde und langweilig wäre, wenn es keine
unbekannten Dinge gäbe.

Was du noch nicht hast, aber haben möchtest,
Hast du geschaffen, damit es etwas gibt,
nach dem du streben kannst.

Was du um jeden Preis ändern möchtest, hast du
erschaffen,
Damit es etwas gibt, das dich anspornt.

Ja, du hast alles erschaffen,
Nicht, indem du es schöpfen würdest, sondern,
Indem du es bemerkst, unterscheidest
und aussonderst.

Bevor du daherkamst, gab es nur ungeteiltes Licht.

Du hast es in eine Welt von Einzelheiten verwandelt,
Einen Planeten, auf dem es Unterscheidung gibt
und Leben.

Du hast bekommen, was du haben wolltest.

Erstaunlich, nicht?

Deine Welt reflektiert dein Wesen.

Möchtest du gern dein Wesen sehen,
Dann laß für einen Augenblick
Alle vorgefaßten Meinungen los
Und schau dich um.

Erlebe bewußt, was du fühlst.

Das Schwierigste beim Erschaffen ist,
Dich nicht selbst zu verurteilen.

Wer urteilt,
Wenn du über dein Wesen urteilst?

Die Antwort: Ein Teil,
Der nicht dein Wesen ist –
Deine Meinungen, Gedanken,
  Gewohnheiten, Ängste.

Diese unwesentlichen Teile
Beschauen dein Wahres Wesen
Und sagen:
  Wir sind nicht zufrieden,
  das ist nicht gut genug.

Es *ist* gut genug.

Dein Wesen leistet, was es leisten soll:
Es ist der Brennstoff – immer da,
Nährend und das Feuer tragend,
  das dein Leben ist.

Du kannst dich auf dein Wesen verlassen.
Es ist immer für dich da,
  und es ist immer vollkommen,
Ganz gleich welche Urteile und Gedanken
In deinem Kopf herumschwirren.

Vertraue deinem Wesen.

Ich weiß, es reicht nicht, daß ich
Dir sage: Laß los!
Du brauchst etwas, das dich trägt –
  etwas, in das du dich loslassen kannst.
Und dafür hast du dein Wesen.

Der sicherste und beste Weg ist,
Dich deinem Wesen zu überlassen.

Es gibt nichts, was du wissen müßtest.

Von jetzt an bist du frei von allem Zwang.

Du kannst die Richtung bestimmen:
Geh, wohin du willst.

Du bist wie neugeboren.

Du bist nackt, schutzlos,
unbelastet.

Du bist eine Quelle von
Wärme und Licht.

Je mehr du dich befreist,
Um so folgerichtiger wirst du handeln.

Das ist schwer zu glauben.

Deine Urteile sagen dir genau das Gegenteil.

Du kannst die urteilende Stimme
  nicht zum Schweigen bringen.

Aber du hast immerhin die Wahl
Nicht auf sie zu hören,
  dich nicht von ihr gängeln zu lassen.

Das ist der Weg der Freiheit.

Freiheit empfinden wir manchmal als Verlust.

Fühle dies.

Akzeptiere es.

Laß los.

Verlust gehört zu unserem täglichen Leben.

Sei geheilt, sei gesund, sei ganz.

Fühlst du einen Verlust,
So ist doch noch
Bei dir, was du verloren glaubst,
    und du bist ganz.

Was du verloren hast, ist
Immer da, bei dir.

Wenn du dies nur glauben könntest!

Wie anders würde dein Leben
Dann sein!

Du sträubst dich gegen Ganzheit wie
Sonst nur gegen den Tod,
　　denn beide bedeuten Vollendung.

Du willst einfach nicht glauben,
Daß alles und alle noch bei dir sind:
　　der verlorene Freund,
　　das verlorene Heim,
　　die verlorene Liebe.

Jeden Moment des Loslassens,
Wenn du frei bist von deiner Angst,
　　bist du wieder damit vereint.

Glaubend.

Wissend.

Im Genuß deiner Freiheit.

Der Gott, den du verloren,
begleitet dich auch jetzt.
Das Paradies, obwohl zerronnen,
bleibt immer noch bei dir.

Selbst die verlorene Unschuld
Läßt sich nicht verleugnen.

Du bist vollendet.

Du bist ganz.

Und deine Ganzheit zeigt sich in Gesundheit,
Freude, Freundschaft, Hingabe, Kunst,
Betroffenheit, Teilnahme, Empfänglichkeit,
Miteinander
und Liebe.

Deine Ganzheit zeigen heißt:
dein Wesen zeigen.

Stell dir
Ein brennendes Holz vor, das
Energie ausstrahlt –
Mit allen Ausdrucksmöglichkeiten,
Die dein Leben,
dir schenkt.

So bist du.

Und deine Energie wird empfangen.
Sie bewirkt etwas.

Dies wird nicht irgendwann geschehen.

Es geschieht jetzt.

Jetzt zeigst du in deinem Ausdruck
dein Wesen.

Was du jemals gewesen bist
Und noch sein wirst,
Ist in jeder deiner Bewegungen
Zu sehen
In allem, was du
jetzt
Tust und unterläßt.

So fühlt es sich an,
nackt zu sein,
Vor Gott
Und seiner Schöpfung.

Es gehört kein Mut dazu,
Vor Gott nackt zu sein.
Wir alle sind es jederzeit.

Aber es gehört Mut dazu,
Um die eigene Nackheit
    zu *wissen*,
Sie zu fühlen, und anzuerkennen,
    daß alles, was du tust,
    Folgen hat.

Und das ist der Punkt.
Darum geht es.

Jeden Tag hängt das Dasein des Kosmos
Davon ab, ob dir genug daran liegt,
 ihn zu erschaffen.

Dies kann eine schwere Last sein,
 aber auch eine Befreiung und Freude.

Die Menschen kennen dich genau.
Sie wissen,
    wer du bist.

Deine Präsenz läßt sich nicht verheimlichen.
Dein Wesen ist sichtbar und nackt.
Für jeden, dem daran liegt, es zu erfahren.
Du bist eine Quelle von Wärme und Licht,
Und dein Dasein hat nur einen Sinn:
    zu sein, was du bereits bist.

Mehr mußt du nicht tun.
Das genügt.

Schließe die Augen und sieh dich
Als offen-leeren Raum,
Umfangen von einem Kreis aus Licht.
Dieser Ort ist sicher,
    dein Heim.
Was dir auch geschieht,
Es geschieht dadrin.

Räume deinen Raum frei.

Atme tief ein aus dem Norden
und atme dorthin aus.
Wende dich atmend nach Süden.
Dann nach Westen.
Schließlich nach Osten.

Atme in die vier Punkte, die vier
Himmelsrichtungen, die vier
Tore deiner Stadt.

Du kannst ihnen deinen Körper zuwenden
Oder nur deine Augen schließen,
Dir deinen Raum vorstellen und deine
Aufmerksamkeit von einem Punkt
zum nächsten wandern lassen.

Du kannst dir dafür fünf Minuten Zeit nehmen
Oder auch nur Sekunden.

Die Art und Weise spielt weiter keine Rolle.
Du mußt nur wissen, wie ungeheuer leicht
Du deinen Raum freiräumen kannst, und
Dann daran denken,
es auch zu tun.

Der gesamte Kosmos spielt
Optimal zusammen,
Sobald dein Raum frei ist
    und offen.

Wenn du in deinem Leben für die
Liebe Raum hast,
    erwacht die Liebe zum Dasein.

Sie läßt sich nie
Eine Gelegenheit entgehen.

Wenn du dich allerdings
Nach Liebe verzehrst,
Schirmst du dich damit
Nur gegen sie ab,
    die dich bereits umgibt.

Etwas begehren
Ist ein schlauer Trick,
Mit dem du Sorge trägst,
    daß du es nicht bekommst.

Du hast es bereits.
Aber du hast auch Angst davor.

Also verzehrst du dich,
Hast Sehnsucht, um so die
Allgegenwart der Liebe
    zu leugnen.

Dein Leugnen beeinträchtigt
jedoch nur deine Bewußtheit.

Sie ändert nicht, was ist.

Was du hast, das hast du tatsächlich.
Was du zu haben meinst,
    ändert nichts daran.

Natürlich,
Du kannst die Augen verschließen,
Die Ohren zuhalten,
Dir Nase, Zunge und Fingerspitzen abtöten,
    und trotzdem lodert dein
    brennendes Holz
    so hell wie immer.

Du kannst dein Wesen nicht gängeln
Und auch nicht die Lebenskraft,
    die es verzehrt.

Du kannst höchstens so tun,
Als ob es nicht vorhanden wäre.

Aber es ist da.
Gib dich ihm hin.
Erinnere dich.
Du mußt nicht länger
 Theater spielen.

Wie oder was du auch
Gerade sein magst,
Du bist in jedem Fall
vollkommene Liebe.

Öffne nun deine Augen.
Schau dich um.
Heiße die Welt willkommen,
die du geschaffen hast.

Danke dir dafür,
Daß du dich erinnerst.

ZWEI

Du bist eine Quelle.

Etwas strahlt von dir aus.

Was ist es?

Bedenke:
Überall ist Energie.
Indes wird sie nur sichtbar,
Wenn sie an etwas haftet –
  wie Feuer an einem Holz.

Wir schauen in die Flammen
Und sehen, daß das Holz
Sich wandelt.
Sein Wesen wird frei,
  zu Energie.

Auch das Wesen deines Daseins
Befreit sich in Energie.

Diese Energie nennen wir Leben.

Dein Wesen brennt dein
Ganzes Leben lang.
Seine Feuer ist deine Dynamik,
Zu sehen in
  deinen Worten (sprachlicher Ausdruck),
  deinen Taten (dein Verhalten schlechthin),
  deinem Sinn (deine allumfassende Präsenz).

Hitze und Licht
Strahlen von dir aus.
Du spendest Leben:
  du bist Gott,
  bist von Gott
  und jenes Sein
Durch das Gott
Spricht,
Handelt,
Atmet.

Du lebst.

Du brennst.

Dein Wesen wurde in eine bestimmte
Ecke der Wirklichkeit befördert,
Einen ureigenen Ort in Raum und Zeit
    und dort entflammt.

Du kamst auf die Welt.

Und brennen wirst du,
Nicht in der Hölle, wie man
Uns früher weisgemacht hat,
Brennen wirst du
    hier,
Obendrein freudig,
Wenn du dies nur wünschst,
    solange du lebst.

Dein Tod ist stets an deiner Seite.
Er macht dich schön.

Wenn andere dir sagen, daß sie
Deine Augen lieben, die Art
Mögen, wie du gehst,
Dann sehen sie
    deine Sterblichkeit.

Sterblich sein heißt
menschlich sein.

Sterblich sein heißt:
Dem Tod unterworfen sein;
Es bedeutet,
zu dieser Welt gehören.

Die Stärke deiner Präsenz
Hängt davon ab,
Wie absolut
Und uneingeschränkt
du in deinem Körper bist.

Todesfurcht,
Die Ablehnung des Todes
bewirkt,
Daß du auch vor dem
Leben zurückschreckst.

Umarme deinen Tod,
Nimm deine Sterblichkeit hin,
mit Leib und Seele,
so erlebst du die Fülle
deines Lebens.

Laß dein sterbliches Licht erstrahlen.

Du bist eine Quelle der Energie,
eine Quelle von Hitze und Licht.

Du strahlst Energie aus
Und berührst mit ihr
andere Menschen,
Jedes Mal, wenn du
In ihrem Leben präsent bist,
Ganz gleich ob sie dies nun
Bewußt wahrnehmen oder nicht.

Es ist nicht so, daß du etwas
Besonderes ausstrahlen und sie
Damit berühren willst.
Vielmehr berührst du sie
Mit deinem Wesen,
Das immer da ist –
mit deinem Sein.

Du bist im Leben der Menschen präsent,
Wenn du ein Zimmer mit ihnen teilst,
Wenn sie dich sehen oder hören
oder auf andere Weise spüren.
Du bist im Leben der Menschen präsent,
Wenn Sie einen Brief, den du geschrieben, lesen,
Auf einem Stuhl sitzen, den du gebaut,
Oder über ein Stück Boden gehen,
das du gefegt hast.

Jede Berührung, jede Verbindung,
Wie auch immer klein,
Hinterläßt einen Eindruck,
Und dieser Eindruck ist
Weder unpersönlich
noch austauschbar.
Der andere ist nicht einfach nur berührt:
Er oder sie ist berührt
von dir.

Deine Präsenz verleiht der Berührung
ihre besondere Eigenart.

Du mußt dich um deine Präsenz
Nicht künstlich bemühen.
Mach, was du willst, hebe sie hervor,
    unterdrücke sie,
Sie bleibt davon unbeeindruckt.

Solange du atmest, brennst du.
Und solange du brennst, berühren
    deine Hitze und dein Licht jedes Wesen,
    Mit dem du in Berührung kommst.

Dein Schmerz ist Teil deiner Präsenz.

Selbst-Bewußtheit ist schmerzlich.

Du denkst vielleicht,
Dies sei so,
    weil du nicht gut genug bist.

Es stimmt:
Diese Bewußtheit tut dir häufig weh,
Weil sie dich fühlen läßt,
Daß du nicht bist,
Wo du gerne sein möchtest,
  sondern davon getrennt.

Aber:
Kämpfe nicht darum,
Diese Trennung aufzuheben!

Je mehr du kämpfst, desto mehr
Wächst auch das Gefühl der Trennung.

Frieden erfüllt dich,
Wenn du den Schmerz über deine
Selbst-Bewußtheit annimmst,
Alles Hoffen aufgibst
Und dich als den Menschen liebst,
der du bist.

Stell dir bildlich vor,
Du seist ein Holz im Kamin
Und kannst nichts anderes tun
als brennen.

Hör das Holz brennen.
Hör, was das Holz sagt:

Ich möchte, ich könnte, ich habe nicht, ich sollte,
ich bin ich bin ich bin ich bin ich bin.

Wer bist du?

Du bist der, der brennt.

Du bist der, den die Menschen sehen.

Du bist der, den die Menschen
    niemals zu Gesicht bekommen.

Du bist der, der an dieser Adresse wohnt,
Hier in dieser besonderen Nische
    von Raum und Zeit,
Und sich dabei durch Raum und Zeit bewegt,
Aber immer in seiner Nische,
An seinem Platz.

Und dies ist:
Ein Raum in einem
Kreis aus Licht,
    der Behälter des *Seins,*
    du.

Du bist du.

Das klingt nicht gerade
Vielsagend, stimmts?

Aber das Kind, das
Bei dir Trost sucht,
Ist mehr als genug.

All deine *Möchte-gern*, *Könnte-schon*,
Habe-nicht und *Sollte-doch*
Spielen absolut keine Rolle.

Das Kind kommt zu deinem
Ich-bin.

Wir sind Wesen.

Jedes Wesen ist ein *Ich-bin.*
Es ist bestimmt durch das,
  was es tut.
Und was es tut, ist zu sagen,
  ich bin.

Lebewesen geben Hitze und Licht weiter.

Dein Wesen ist, was du wahrhaft bist,
Was dir nicht genommen werden kann,
Was du nie verlieren kannst,
  nicht verändern, nicht zerstören,
  nicht loswerden kannst.
Das unwandelbare Du.

Du kannst deinen gesamten Kosmos
  verändern und verwandeln.
Dein Wesen ändern
  kannst du trotzdem nicht.

Wesen singen einander zu.
Ich-bin singt für *Ich-bin.*
Brennen heißt singen.
Das Feuer singt im Kamin.
Das Feuer haftet an
Seinem Brennstoff und besingt
  die Freude des Brennens.
Brennbares muß nur nahe genug herankommen,
Und schon stimmt es ein in den Gesang.

Wenn du dich deinem
Wesen entfremdet fühlst,
Kämpfe nicht darum,
    es zurückzugewinnen.

Was dir gehört, kann dir
Niemals genommen werden.

Laß los, was du festhältst,
Und alles wahrhaft dir Gehörende
Wird wie durch einen Zauber
Sofort in deinem Leben erscheinen.

Gib alle Pläne auf und alle Kniffe,
Und du wirst die Stimmen, die dich leiten,
    plötzlich in der Stille hören.

Vielleicht weißt du nicht, wem sie gehören,
Und doch klingen sie sehr vertraut.

Zermartere dir nicht das Hirn darüber,
Was dies wohl für Stimmen sein könnten,
    auf die du hörst.

Sei still und
    laß es geschehen.

Stell dir vor, wie
Ein Quell aus tiefer Erde entspringt.
Klares, frisches Wasser sprudelt hervor,
    um im Licht zu tanzen.

In dir ist ein Raum der Stille.
Sieh dich selbst darin.
Als würdest du auf einer
Lichtung stehen und das Wasser
dahinströmen sehen,
    das zwischen Felsen und
    über Steine tanzt.

In dir fließt ein solcher
Strom: deine Quelle,
Der Energiestrom, der
Nährt und inspiriert,
Hervorsprudelnd aus
    heiliger Tiefe.

Diese Quelle nährt dich ewig.

Manche nennen den Strom
    Gottes Liebe.

Deine spirituelle Quelle nährt dich stetig.
Was sie dir schenkt, hat viele Namen:
    Führung, Inspiration, Heil.
Auch Stärke und Mut sind Geschenke,
Die uns aus der inneren Verbindung
    mit dem Göttlichen zufließen.

Nach einem richtigen Entschluß
Bedanke dich für die Führung.
Erschaffst du etwas, das die Mühe lohnt,
Bedanke dich für Energie und Inspiration.
Dank auch für Heil, Mut und Ausdauer:

Ich danke dir!
Bedeutet:
    Ich erkenne dich
    als die Quelle an.

Erkenne, wer du bist.
Erkenne dich als die Quelle an,
    die du bist.

Wie Gott deine Quelle ist, bist du
Die Quelle von Gottes Licht
    auf Erden –
In unserer Wirklichkeit, unserem Kosmos.
Du nährst alle Dinge,
    die du berührst.

Du bist ein Springquell aus Licht.

Aus dir fließt ein Licht
Von ganz eigener Qualität.

Niemand sonst kann dein Licht
In der Welt verbreiten.

Wer von uns anderen
Von deinem Springquell trinkt,
Verläßt sich ganz auf dich.

Du bereicherst unser Leben.

Du trägst uns und bringst uns Leben,
    weil du bist, wer du bist,
    indem du Gottes Energie durch dich
    hindurchströmen läßt.

Deine Zweifel, deine Urteile
Über dich und andere
Gehören ebenfalls zu dir.
Du magst deine Zweifel verbannen,
Doch sie kommen in neuer Gestalt zurück.
Laß dich davon nicht entmutigen.
Du bist die Flamme, die immer brennt.
Deine Zweifel und Ängste sind
  Teil deiner Entfaltung.

Was auch zu dir gehört,
  es ist eine Quelle aus Licht.

Kämpfe nicht um Perfektion.

So wie du bist, bist du
eine Quelle von Wärme und Licht.

Sei bescheiden.

Laß ab von den Allmachtsträumen
Der Vollkommenheit
Und laß uns heute schon
von deinem Springquell trinken.

Das Wesen, das du bist,
Ist vielleicht schon immer
    hier gewesen.

Wieder und wieder hat es
Um seine Perfektion gekämpft.

Und mußte sich doch jedes Mal
Mit sich bescheiden.

Du kannst dein Wesen nicht verändern.

Wenn du es in ein tiefes Loch stürzst,
Wirst du es aus diesem tiefen Loch
erklingen lassen.

Doch nimmst du dich so, wie du bist,
Lösen sich die Trugbilder vom Erfolg auf.
Du gewinnst neuc Kräfte und kannst erkennen,
Wie alles in deinem Leben unmittelbar
zum jetzigen Augenblick hinführt.

Das Erwachen kommt plötzlich
Und ist erregend …
    und zugleich geschieht es
    unendlich langsam.

Stell dir vor, wie
Du das Holz bist in einem Kamin
Und du siehst die Flammen um dich herum.
Fühle nun, wie beständig du bist,
Deine unerschütterliche Präsenz.
Das Feuer flackert, tanzt.
Das Holz bleibt fest und ruhig.

Du bist Stoff, Stofflichkeit, Festigkeit.
Dein Feuer ist dein Lebenssinn:
Es bringt dich erst zum Leben.
Du trägst es, und es verzehrt dich.

Nur weil du bereit bist zu brennen,
Dich verzehren zu lassen,
Kannst du eine Quelle
    von Wärme und Licht sein.

Du bist hier, um dich zu erinnern.
Erinnern heißt: nochmals erfahren.

Jeder Atemzug erschafft von neuem
Das Wunder, das du deinen Körper nennst,
    dein Leben.

Erlebe jeden Atemzug bewußt,
Und du findest dich wieder
In der Gegenwart
    des lebendigen Gottes.

Atmen heißt,
Das Leben wieder und wieder
in seiner Fülle erfahren.

Und während du atmest,
Erinnerst du dich, weißt,
daß du atmest.

Erinnere dich an deinen Namen.

Sprich ihn aus
Und empfinde seine Kraft.

Namen haben die Kraft zu erwecken.
So sind alle Worte zuerst Namen.

Atme und lausche auf deinen Namen.

Etwas ruft dich.

Etwas ruft nach dir aus dem
Stillen Raum in deinem Innern
Und aus dem unendlichen Kosmos,
  der dich umgibt.

Etwas ruft dich ins Leben.

Etwas ruft den Strom in dir hervor
Und erweckt dich zur bewußten Erfahrung
Deiner Verbindung
  mit der Quelle.

Du bist mit der Quelle immer verbunden,
Und etwas erweckt in dir erneut
das Bewußtsein dieser Verbindung.

Etwas gestattet dir großzügig,
Dich zu erinnern,
Daß der Kosmos selbst
Alle deine Bedürfnisse erfüllt
(und nicht etwa dic Bank, deine Arbeit
oder das Kaufhaus).

Etwas ruft dir zu:
Wage das Risiko.
Erlaube dir, freier zu fließen.
Brenne heißer, brenne heller.

Es ruft dich etwas
    Namenloses,
Was du bisher noch nicht gesehen
Und auch nicht erfahren hast.
Und trotzdem ruft es dich
    aus Vergangenheit und Zukunft zugleich.
Es hat Kraft.
Du kannst es riechen und schmecken.

Obwohl du merkst, wie du
Dich dagegen wehrst,
    folgst du seinem Ruf.

Der Widerstand ist ein Teil deiner Antwort.

Das Erinnern
Bricht sich in dir
Wie Wellen am Strand.

Es verrinnt und kehrt wieder,
Abermals und immerfort:
Dröhnt und flüstert.

Gelegentlich steckst du
Den Kopf in den Sand,
In der Hoffnung,
du würdest vergessen.

Aber die Wellen kehren wieder,
Werfen sich auf dich,
und du weißt,
was sie erzählen.

Und nun bist du wach
In der Stille
    vor der Dämmerung.

Du lauschst.
Es fängt an zu summen:
    die Einzelheiten des Kosmos.

Du erschaffst dich selbst,
Indem du die Welt erschaffst,
    die dich umgibt.

Bist immer noch viel zu schläfrig,
Um Angst zu haben
    vor deiner eigenen Kraft.

Tu den ersten Schritt.

Der erste Schritt ist immer vollkommen,
Wenn du nur bereit bist,
    auch den nächsten zu tun.

Und indem du den ersten Schritt tust,
Wirst du herausfinden,
    was der nächste ist.

Wir finden den Weg
Durch unser Leben,
Indem wir einen Schritt
    nach dem anderen tun.

Tu den Schritt
Und folge ihm.

Wenn du dann siehst,
Daß daraus ein
Richtiger Pfad wird,
    geh weiter, darüber hinweg.

Lauf keinem Pfad hinterher.
Folge deinen eigenen Fußstapfen.
Dein Weg wird sich
    selbst erschaffen.

Es genügt, wenn du weißt,
Daß du auf dem Weg bist.
Verlange also nicht nach
einer Beschreibung.

Jeder Augenblick
Folgt dem vorherigen.
Alle deine Siege und Niederlagen,
Dein Glück und dein Unglück
Haben dich
jetzt hierher
An diesen Punkt geführt.

Stelle diesen Augenblick nicht in Frage,
bewerte ihn nicht.

Genieße ihn. Nimm ihn an.
Es hat ein ganzes Leben gedauert,
Zu gelangen,
wohin du nun gelangt bist.

Entspanne dich und
Vertraue deinem Wesen.
Es hat dich immerhin soweit geleitet.

Die nächste Aufgabe wartet schon.
Du wirst sie erkennen,
wenn sie sich dir stellt.

Warte ruhig ab und
vertraue deiner Quelle.

D R E I

Du bist eine Kraft.

In Menschen und Welt
Hinterläßt du deinen Eindruck
Als sichtbares Zeichen
deiner Kraft.

Du gebrauchst deine Kraft jederzeit –
bewußt oder unbewußt.

Hier ein Verfahren, das dir hilft,
Deine Kraft anzunehmen.

Stell dir vor,
Wie deine Kraft in deinem Magen ist.
Du atmest ein paar Mal ein und aus,
Läßt die Kraft aus dem Magen heraus
Und dehnst sie zu einem Energieball aus,
der sich weitet wie ein Ballon.

Mit jedem Atemzug wird der Ballon
ein wenig größer.
Nach drei oder vier Atemzügen ist er
etwa so groß wie ein Schlagball.

Nun hüllst du den Ballon
In weißes Licht ein.

Das ist ganz leicht.
Du mußt dir nur vorstellen,
Licht umfange den Raum,
Den der Ball umfängt.

Wenn es dir lieber ist,
Kannst du das Licht auch
Aus deinen Händen strahlen lassen:
Du hältst sie vor die Magengrube,
Spürst die Lichtstrahlen, die
Von ihnen ausgehen
    und den Ball einhüllen.

Atme noch ein paar Mal ein und aus.
Laß den Ballon weiter wachsen.
Schau ihn dir an.
Hast du auch keine Stelle übersehen?
Ist er vollkommen eingehüllt
in Licht?

Jetzt atme wieder einige Male ein und aus.
Und ziehe die Kraft in dich hinein.

Mit jedem Atemzug wird
Der Ballon kleiner.

Schließlich kannst du mit der Hand
Leicht auf den Magen klopfen, und du weißt,
deine Kraft ist wieder in dir.

Versuch es – spielerisch.
Das heißt:
    Denk nicht zuviel darüber nach.

Wechsle das Verfahren,
Wie es dir gefällt
Und stelle fest,
    wie du dich dabei fühlst.

In deiner Kraft manifestiert sich
dein Wesen.

Schönheit ist eine Kraft.

Klugheit ist eine Kraft.

Mitgefühl ist eine Kraft.

Gelöstheit, Geduld, Begeisterung,
Empfänglichkeit, Beharrlichkeit, Zweifel,
Anpassungsfähigkeit ...

Sie sind einige der vielen Kräfte,
die du besitzt.

Die größte deiner Kräfte
aber ist die Liebe.

Du bist nicht allein.

Du bist ein Teil vom großen Sinn.
Aber du wirst diesen
Nicht unbedingt begreifen.
Ja, es ist sogar unmöglich,
daß du ihn begreifst.

Nicht einmal deine Rolle
Wirst du verstehen,
die du in ihm spielst.

Einzig ahnen kannst du ihn
Mit einem raschen Blick
aus den Augenwinkeln.

Liebe ist
Energie und Bereitschaft.

Faulheit ist
Widerstand und Energielosigkeit.

Liebe und Faulheit
sind entgegengesetzte Gefühle.

Wenn du gegen die Faulheit ankämpfst,
Ziehst du sie nur weiter an dich.
Du schenkst ihr deine Aufmerksamkeit
  und sorgst für ihr Verweilen.

Besser, du akzeptierst einfach, daß
Du dich wirklich so fühlst,
  wie du dich fühlst.

Stille deinen Geist.
Vertraue deinem Wesen.
Und warte geduldig auf den
  Wetterumschwung.

Angst und Ungeduld,
Zweifel, Begehren,
Wut und Hoffnungslosigkeit –
du kannst sie nicht steuern
und auch nicht vernichten.

Immerhin kannst du sie bemerken.

Indem du sie bemerkst,
Tust du den ersten Schritt
Von ihnen weg: Du löst dich
von den Kräften der Zerstörung.

Stell dir zwei Zahnräder vor,
Die ineinandergreifen, so daß eines
    das andere treibt.

Laß sie nun ein wenig
Voneinander abrücken, bis
    ihre Zähne sich nicht mehr berühren.

Das ist das Bild der Befreiung.

Wenn du wütend bist oder dich fürchtest,
Wenn dich etwas deprimiert oder verwirrt,
Gestatte dir zu fühlen,
    was du fühlst.

Bemerke es.

Beobachtest du dann, daß du
Etwas tust oder tun möchtest,
Das unangebracht sein könnte,
Lieblos
Oder selbstzerstörerisch,
So wirst du bemerken:
    Dies geschieht in Reaktion
    auf dein Gefühl.

Versuch nicht zu kontrollieren,
was du fühlst.

Mach dir ein Bild von deinem Gefühl.
Mach dir ein Bild von deiner Reaktion darauf.
Und nun schiebe diese Bilder ein wenig auseinander,
Gerade so,
daß sie nicht mehr ineinandergreifen.

Jetzt kannst du frei entscheiden.

Räume deinen Raum frei.
Laß alle Urteile über
Deine Gefühle einfach
wegfallen.
Laß deine vorgefaßten
Meinungen los, die dir
Aufzuschwätzen versuchen,
Was jetzt
richtig wäre.

Einmal so weit gekommen,
Brauchst du dich vielleicht
Gar nicht mehr zu entscheiden.

Es könnte immerhin sein,
Daß du bereits weißt,
Was zu tun ist
und was nicht.

Bedenke:
Eine deiner wichtigsten Kräfte
Ist die Fähigkeit,
um Führung zu bitten.

Wenn du deine Kraft akzeptierst.
Schützt du dich selbst
Vor der Angst, die du vor
deiner Kraft hast.

Die meisten Menschen
Verletzen sich, wann immer sie
Mehr Kraft einsetzen als sie
eigentlich haben.

Dies äußert sich.
Bei dir womöglich in
Einem steifen Nacken,
Rückenschmerzen,
Kopfschmerzen
oder Magenschmerzen.

Überlege dir, welche
Verletzungen in deinem Leben
Immer wiederkehren.

Das sind die Zeichen deines Körpers
Er sagt dir damit,
    daß deine Kraft beeinträchtigt ist.

Deine Kraft zu akzeptieren,
Ist eine gute Vorbereitung –
Wie du ja auch vor jeder
Anstrengenden Übung zuerst deine
Muskeln lockerst und streckst.

Strecke deine Kraft.

Laß sie aus dir heraustreten, erweitere sie,
Hülle sie in Liebe,
Gib ihr zu erkennen, daß du
Von ihr weißt und sie schätzt.
Und dann,
nimm sie wieder in dich hinein.

Dies gibt dir nicht mehr Kraft
als du hast.

Es hilft dir nur,
Dich mit der eigenen Kraft
vertrauter zu machen.

Heiße deine Wunden willkommen.

In ihnen manifestieren sich
    deine verborgenen Ängste.

Ohne deine Wunden würden deine Ängste
    ewig verborgen bleiben.

Verborgene Zweifel und Ängste
Mauern dich ein.

Die Mauern fallen,
Wenn du dir deine
Zweifel und Ängste
Bescheiden eingestehst;
Wenn du dir gestattest,
    sie zu bemerken.

Du bist offen und verwundbar.

Du bist unvollkommen.

Du bist wert,
    geliebt zu werden.

Du kannst nicht nur so tun,
Als ob du offen und
Verwundbar wärest,
    das bringt nichts.

Offenheit ist kein Parfüm,
    Verwundbarkeit keine Mode.

Die Menschen kennen dich,
    sie wissen, wer du bist.

Nicht dein Licht ist das
Gewinnende an dir,
sondern deine Verwundbarkeit.

Alle Menschen strahlen Licht aus.

Die Verwundbaren
lassen Licht auch in sich hinein.

Liebenswert sein, heißt:
fähig sein, sich lieben zu lassen.

Verwundbar sein, heißt:
fähig sein, sich verwunden zu lassen.

Liebe tut weh.

Selbst die Liebe Gottes tut weh.

Es gehört Mut dazu, lebendig zu sein.

Es gehört Mut dazu,
Um die eigene Nacktheit
vor Gott,
vor der Frau,
vor dem Mann
Zu wissen.

Selbstzweifel ist eine Kraft,
Der erste Schritt zur Selbst-Bewußtheit.

Deine Zweifel und Ängste
Erinnern dich an
    deine Verwundbarkeit.
Sie helfen dir,
Den Schmerz zu fühlen
    und die Freude,
Die deiner unvollkommenen
Lebendigkeit eben eigen sind.

Sie öffnen dich
    für die Liebe.

Lieben ist
das miteinander Teilen des Wesens.

Deine Schwächen sind auch deine Stärken,
Wie deine Stärken zugleich auch
deine Schwächen sind.

Wenn du dich tatsächlich
In eine perfekte Maschine
Ummodeln könntest,
Wäre nichts mehr an dir
von wirklichem Wert.

Manchmal errichtest du Mauern.
Und manchmal öffnest du dich
der Liebe.

Daran ist nichts zu ändern.
Du wirst immer der Mensch sein,
der du bist.

Du wirst geliebt.

Laß das Licht in dich hinein.

Überall
Hast du Lehrer.

Einige wirst du erkennen,
Andere nicht.
Und so muß es sein.

Bemüh dich nicht darum,
alles zu wissen.

Du sollst nicht etwa deshalb
Deine Kraft akzeptieren, damit du
In irgendeiner Scheinwelt
    dich annehmen kannst,
    dich erkennst
    und dich liebst,
Sondern damit du dich
Auf unserer Erde,
Heute,
Hier und jetzt
Akzeptieren kannst in allem,
    was du tust,
    sagst,
    bist.

Du bist verantwortlich
Für das,
    was du sagst,
    tust,
    bist.

Kann Sein, daß Schmerz dich überwältigt,
Weil du dies erkannt hast.
Dann erinnere dich,
    du wirst geliebt.

Liebe heilt.

Sie tut weh und sie heilt.

Das ist das Geheimnis.

Wesentlich werden, heißt
    bewußt werden.

Du kannst dich nur an dein
Wesen erinnern, wenn du weißt,
Daß du abhängig bist von Dingen
Jenseits deiner Kontrolle.

Ganz gleich, ob du deinem Wesen
    vertraust oder nicht,
Dem Kosmos
    vertraust oder nicht:
Die Tatsache
    deiner Abhängigkeit
Ändert sich doch nicht.

Sobald du akzeptierst, daß du
Abhängig bist von dem, was ist,
Findest du deinen Platz in der Welt.

Das ist kein einmaliges Ereignis.
Es geschieht immer wieder.

Öffne dein Herz.

Jetzt, in diesem Augenblick
Lebst du
    an einem Ort der Kraft.

VIER

Du bist Wesen
In einer Welt von Wesen.

Wie deine Mitwesen
Brennst auch du
Mit jener Energie,
  die wir Leben nennen.

Leben weitet sich aus
  und öffnet sich Leben.
Wesen singen einander zu.

Dein Wunsch zu berühren
  und berührt zu werden,
Nährt dein Feuer
  und deine Frische.

Du fürchtest dich vor der
Berührung durch das Feuer.

Und doch lebst du
für diese Berührung.

Du fürchtest dich auch
Vor deinem eigenen Feuer.

Und kannst ohne es doch nicht leben.

Du bist von deiner inneren Quelle abhängig.
Und du brauchst die Anregung,
die deine Mitwesen dir schenken.

Du bist eine Flamme
Und brauchst fortwährend Nahrung
von deinem inneren Brennstoff
und der Luft, die dich umgibt.

Ohne sie kannst du
Hitze und Licht
nicht erzeugen.

Große Kraft gibt es nicht
    ohne
    große Abhängigkeit.

Bist du stolz, läufst du Gefahr,
Diese Wahrheit zu vergessen.
Du handelst achtlos,
    ohne Respekt für deine Quelle.

Bedenke deine Abhängigkeit.

Bedenke, daß
Kraft allein
Niemals ausreicht.

Du mußt dich immer wieder fragen:
Was ist richtig?

Diese Frage kann dir niemand beantworten,
nur du selbst.

Und die Antwort
Wandelt sich beständig.

Sie flackert und tanzt wie das Feuer.

Liebe ist
    Energie und Bereitschaft.

Laß los,
Was du zu erreichen suchst.
Frage dich stattdessen:
    Was kann ich geben?

Geben ist dein größtes Glück.

Damit das Holz brennen kann,
Braucht es die Flamme.
Nur in ihr kann es
An der Welt teilnehmen.

Es muß sich selbst einbringen.
Es muß Hitze und Licht spenden.

Was es auch sei, das du haben möchtest,
Es wird dir niemals soviel geben können
Wie die Erfahrung,
    dich selbst zu geben
    und angenommen zu werden.

Du hast immer etwas,
Das du geben kannst –
   dein Wesen.

Du kannst es mit anderen teilen.

Selbst wenn Zweifel und Dunkelheit
Dich überwältigen,
Brennt das Feuer in dir,
   bist du die Quelle
   von Hitze und Licht.

Jeden Tag und jede Stunde
Kannst du meditieren,
Nur mit voller Hingabe fragend:
    Was ist richtig?

Dies wird dich wieder
In deinen Sinn einbinden.

Vertrauen ist eine Kraft.
Sie erwächst dir aus dem
Inneren Wissen,
Daß du eins bist
  mit deinem Sinn.

Selbstzweifel und Selbstprüfung
Sind deine Werkzeuge.
Mit ihnen kannst du,
  mächtiges Wesen,
Dieses innere Wissen
In jedem Augenblick
  neu erschaffen.

Du bist auf deinem Weg.

Schau dich um.

Was du fühlst, fühle es bewußt.

Frage dich: Was ist richtig?

Und nun bist du bereit
Für den nächsten Schritt.

Verwirrung ist etwas,
Das du fühlst.

Dagegen hilft am besten Geduld.

Annehmen können schenkt Klarheit.

Immer.

Fehlt dir Klarheit,
Dann schau dich um
Und stelle fest, was du
nicht annehmen kannst.

Der Gegenpol ist Widerstand.
Er bewirkt, daß du
    nichts annehmen kannst.

Andererseits wirst du nicht
Lernen, etwas anzunehmen,
Wenn du deinen Widerstand
    bekämpfst und verwünschst.

Damit blähst du ihn nur auf.

Akzeptiere deinen Widerstand.

Liebe dich als den Menschen,
der du bist.

Liebe deine Angst.

Deine Angst ist Kleinmut,
Mangel an Vertrauen.

Aber du kannst dich nicht zwingen
zu vertrauen.

Deine Angst lieben und annehmen heißt,
der Vernunft trotzen.

Damit erweiterst du
Deine Handlungsfreiheit:
Du kannst vertrauen
oder nicht vertrauen.

Träume nicht von
Größerer Handlungsfreiheit,
Wenn du sie dir nicht
    wirklich gewährst.

Willst du dich wahrhaft so
Lieben, wie du bist,
Dann löse dich von allen
Gedanken und Vorstellungen,
Die dir sagen,
    wie du sein sollst.

Laß sie los.

Liebe ist unvernünftig.

Lieben kannst du nur, indem
Du es fühlst und zeigst.

Die Liebe durchströmt dich
Von deiner Quelle her.

Möchtest du Liebe
Schenken oder empfangen,
Erinnere dich an das Gefühl
Und laß zu, daß
es dich durchströmt.

Erinnere dich an das Gefühl
der Abhängigkeit.

Das Leben auf der Erde
Hängt ab von einem Feuerball.
Wir nennen ihn
    Sonne.

Die Lebensenergie der Sonne
Strahlt Millionen von Kilometer
    durch den Raum
Licht und Wärme bringend.

Du selbst bist eine kleine Sonne.
Wovon du abhängst, ist zugleich,
    was du zu geben vermagst.

Dein Widerstand erzeugt Hitze.

Durch Annehmen erzeugst du Klarheit.

Was auch immer mit dir zu tun hat, es ist
eine Quelle von Wärme und Licht.

Mit dem Verstand kannst du
Nicht verstehen,
Wann du dich widersetzen
    und wann du etwas annehmen sollst.

Du kannst nur dich selbst geben,
Wahrhaftig sein
    und deinem Wesen vertrauen.

Ein Freund ist jemand,
Mit dem du gern zusammen bist.

Freundschaft hängt nicht ab von dem,
Was du sagst oder tust.
Auch was du weißt,
Wie du ausschaust
Oder was du besitzt,
Spielt dabei keine Rolle.

Freundschaft ist
    unmittelbares Erleben –
    von Gegenwart zu Gegenwart.

Wesen bieten sich einander dar.

Sie verschmelzen miteinander,
Wenn die gegenseitige Anziehung
Stark genug ist,
    dann nimmt jeder einen Teil
    des anderen
    in sich auf.

Du kannst dein Wesen nicht verändern.

Doch können zwei Wesen
einander berühren,
Und werden danach niemals wieder sein,
Was sie vorher waren.

Das ist das Geheimnis.

Stell dich dir vor, in der Gegenwart
Eines Freundes, einer Freundin
    und du bist ihnen ganz nah.

Kannst du ihr Wesen spüren?

Was fühlst du jetzt?

Ich verrate dir nun ein Geheimnis.

Dieser Mensch – dein Freund –, in dessen Gegenwart
du weilst, ist, wenn du es zuläßt, dein Lehrer
und kann dir in jedem Lebensbereich helfen, dir
geben, was für dich gerade wichtig ist.
Was du in diesem Augenblick deines Lebens auch
brauchst oder wissen möchtest, in welchem
Lebensbereich du auch wachsen möchtest, ja
sogar das Gefühl hast, unbedingt wachsen zu
müssen,
All dies ist jetzt und hier.
Alles, was du nötig hast oder dir erwünschst, ist
hier vor dir, zu deiner Verfügung.
Um es zu bekommen, mußt du nur wirklich mit diesem
andern Menschen zusammen sein, dich auf ihn
einlassen und aufnehmen, was in seiner Gegenwart
geschieht. Eine Stunde mag dazu genügen,
wenn du hellwach bist, reichen auch fünf Minuten.
Einzig und allein deine Bereitschaft und Fähigkeit,
sie in dich hineinzunehmen, begrenzt diese
Erfahrung.
Diese Bereitschaft, aber hat nichts damit zu schaffen,
was der andere *tut*.
Sein Wesen *ist* dein Lehrer und du hast die Chance,
es auf dich einwirken zu lassen.

Dein Wachstum und deine Lernfähigkeit
Haben nur eine Grenze:
    Deine Angst, vor deiner Kraft;
    deine Angst, stärker zu werden.

Deine Liebesfähigkeit hat ebenfalls
Nur eine Grenze:
Deine Angst, die Kraft zu zeigen –
Die Befürchtung, du könntest
Sie nicht meistern –
    das Gefühl, daß du dir selbst
    nicht vertrauen darfst.

Damit hast du sogar recht:
Du kannst dir auch nicht vertrauen,
  solange dieses Vertrauen an
Bedingungen und Erwartungen geknüpft ist.
So stehst du sicher den Dingen im Weg,
Die du meinst, bekommen zu müssen.
Du bringst einfach alles durcheinander.

Aber Vertrauen ist bedingungslos.

Vertraue dir und
Vertraue Gott –
ohne Hintergedanken.

Laß dich darauf ein
Und akzeptiere,
    was du bekommst.

Dann gehört dir die Welt.

Hier bist du und hier hast du
Brennstoff und Luft.

Was willst du mehr?

Laß es in dich hinein.

Brenne.

Liebe.

Erinnere dich.